Für Sophia und Clara

Für die freundliche Unterstützung bei der Herausgabe dieses Buches danken wir:
Claus Christian Carbon, Betina Müller, Frank Feller, Arno Meyer zu Küingdorf, Anna Lehmann-Brauns,
Louis D. Nebelsick, Jürgen Renn, Rolf Budde, Arne Terkowski, Dagmar Gebers, Gerald Uhlig

Satz und Layout: Martha Hammerschreck
Gesamtherstellung: Offizin Andersen Nexö Leipzig
Printed in Germany
ISBN 3-9810097-2-X
www.einsteinkinderbuch.de

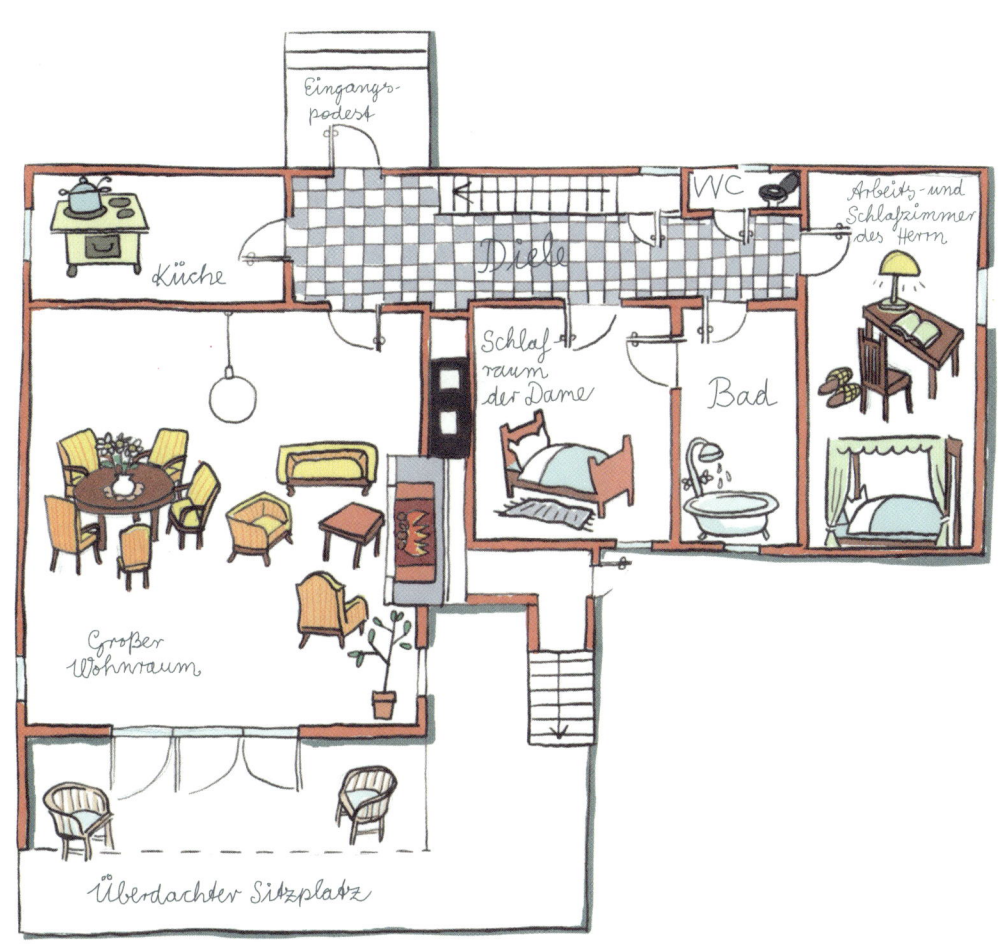

Eingangs-
podest

Küche

Diele

WC

Arbeits- und
Schlafzimmer
des Herrn

Schlaf-
raum
der Dame

Bad

Großer
Wohnraum

Überdachter Sitzplatz

Erdgeschoss

Diele

WC

Mädchen-
zimmer

Schlafzimmer
der Tochter

Schlafzimmer
der Gäste

Obergeschoss

Ein *relativ* verrückter Sommer

Maria besucht Albert Einstein in Caputh

Sabine Carbon und Barbara Lücker

Illustration
Maren Barber

Sommerferien! Herrlich! Ich liege auf dem Bootssteg, die Sonne scheint mir ins Gesicht und ich denke über Dinge nach, die mich wirklich interessieren, zum Beispiel warum der Himmel blau ist. Ich habe noch nie einen Lehrer getroffen, der mir diese Frage beantworten konnte. Meine Mama und mein Papa übrigens auch nicht, obwohl sie immer so tun, als wüssten sie alles. Na ja, wenigstens wissen sie, was mir gefällt und deswegen haben sie mich über die Ferien aufs Land geschickt zu Tante Amelie und Onkel Oscar. Die beiden haben gerade ein schönes altes Haus in Caputh gekauft. Caputh hat gar nichts mit kaputt zu tun, man spricht es mit einem langen 'U'. Das Haus liegt direkt am See und von unserer Wohnung in Berlin mussten wir nur eine halbe Stunde mit dem Auto fahren. Es ist schön, mal rauszukommen aus der riesigen Stadt, und jetzt lasse ich es mir richtig gut gehen.

hier wohnt Maria

hier wohnte Einstein
im Winter
Haberlandstr. 5

Berlin

Wann

Schloß Sanssouci

Potsdam

Großer
Zernsee

Havel

Einsteinturm

hier wohnte Einstein
im Sommer
Waldstraße 7

Caputh

Einsteinhaus

Caputher
See

Schwielowsee

* Was für eine Wonne,
Maria in der Sonne,
sitzt da und fragt sich Au,
warum ist der Himmel blau...

Schau nicht in die Sterne
Schau einfach geradeaus.
Der Victor segelt gerne
Zu unserem schönen Haus...

Nur die beiden Zwillinge, meine Cousinen, nerven. Sie sind so alt wie ich und träumen wohl davon, Popstars zu werden. Jedenfalls singen sie die ganze Zeit Lieder, die sie sich selbst ausgedacht haben, und lachen sich dann schief über ihre albernen Texte.

Da sind sie schon wieder: Millie und Lilly. Sie haben natürlich auch keine Ahnung, warum der Himmel blau ist. Aber doofe Texte darüber machen, das können sie.

* »Victor, wer ist Victor?« Die Zwillinge lachen und zeigen aufs Wasser. Victor, das muss der Junge in dem kleinen Segelboot sein. Er hält eine Trompete in der Hand und bläst ein paar ziemlich schräge Töne. Wahrscheinlich sollte er sich lieber auf sein Boot konzentrieren. Das fährt nämlich gerade direkt auf unseren Bootssteg zu.

Rummms! Jetzt ist es dagegen geknallt und mir fliegt die Sonnenbrille von der Nase. Die Zwillinge kichern. Victor springt an Land, macht sein Boot fest und hebt meine Sonnenbrille auf. »Tut mir leid, segeln kann ich eigentlich ganz gut, aber das mit dem Anlegen klappt noch nicht so richtig.

Mir fehlt noch ein Matrose, vielleicht hast du ja Lust…«, sagt er strahlend und streckt mir seine Hand entgegen. »Du musst Maria sein.« Aha, die Zwillinge können eben nie ihren Mund halten. »Ich hätte schon Lust mal mitzusegeln, sehr gerne sogar.« Victor sieht nett aus, trotz der komischen Trompete in der Hand. Um den Hals trägt er ein rotes Tuch. Wahrscheinlich hält er sich für einen gefährlichen Seeräuber und vielleicht werden die Ferien ja richtig aufregend.

Kinder, kommt ihr rein? Das Abendessen steht auf dem Tisch.« Schade, immer wenn es spannend wird, funkt Onkel Oscar dazwischen. »Mädels, jetzt kommt endlich!« Victor zuckt mit den Schultern. »Na dann musst du wohl gehen. Sehen wir uns morgen?« »Klar, du triffst mich hier unten am Bootssteg.« Ich sehe Victor nach und frage mich, wozu er beim Segeln eine Trompete braucht. Victor scheint meine Frage zu erraten. »Weißt du, von wem ich die habe?«, ruft er. »Keine Ahnung, woher soll ich das wissen?« »Die ist von Einstein!« Victor legt ab und fährt weg. Einstein? Wer soll das nun wieder sein? Komischer Junge dieser Victor. Beim Abendessen tuscheln die Zwillinge. »Maria hat sich mit Victor verabredet«, kichert Lilly. Selbst mit vollem Mund kann sie den Mund nicht halten. Meine Tante nimmt es gelassen. »Glückwunsch Maria, dann wirst du ja bald alles über Einstein wissen.« Einstein, da ist er wieder, dieser Name. »Wer ist Einstein?« Mein Onkel sieht mich erstaunt an. »Du kennst Albert Einstein nicht?«

*

»Genug, genug…« Mein Onkel hält sich die Ohren zu. Er zeigt auf ein großes Foto an der Wand. Darauf ist ein Mann mit zerzausten weißen Haaren zu sehen, der uns die Zunge rausstreckt. »Das ist Einstein!« Ich bin sprachlos. »Der sieht aus wie Struwelpeter!« »Lass dich nicht von seinem Aussehen täuschen, Maria, Einstein war das größte Genie aller Zeiten.

* Einstein oder kein Stein
Das ist hier die Frage
Bist du in der Lage
Zu verstehen
Was Einstein hat gesehen,
dass der Raum gekrümmt ist,
dass das Licht das Schnellste ist…

Er hat die Physik und unsere Vorstellung von Raum und Zeit total umgekrempelt und dabei war er damals erst 26 Jahre alt. Schon mal was von Relativitätstheorie gehört?« Meine Tante sieht meinen Onkel amüsiert an. »Oscar, jetzt reiß dich mal zusammen, nicht einmal die klügsten Leute, die ich kenne, haben die Relativitätstheorie verstanden. Ich wette, noch nicht mal du als Physiker hast sie richtig begriffen, sonst wäre dir nämlich klar, dass Maria noch relativ jung und es schon relativ spät ist.« »Damit hast du relativ recht«, lacht mein Onkel. »Aber Maria sollte wenigstens erfahren, dass Einstein hier ganz in der Nähe ein Sommerhaus besaß. Es steht übrigens noch und ist ganz aus Holz gebaut. Leider ist Einstein aber schon vor langer Zeit gestorben.«

»Ach, hat er sich die Zunge beim Rausstrecken verkühlt?«, frage ich und freue mich, dass auch die Zwillinge meinen Scherz lustig finden. »So, jetzt aber ins Bett«, sagt meine Tante und ich weiß, dass es keinen Sinn hat, ihr zu widersprechen.

Dieser Zwerg
ist relativ groß

Dieser Riese
ist relativ klein.

Beim Zähneputzen brabbeln Millie und Lilly noch irgend-was von Zeitreisen, die Einstein erfunden hätte. Ich frage mich, ob diese Zeitreisen mit der Relativitätstheorie zu tun haben, die kein Mensch versteht und was bedeutet eigentlich das Wort relativ?

Ich liege im Bett und kann nicht schlafen. Victor geht mir nicht mehr aus dem Kopf und Einstein erst recht nicht. In meinem Zimmer steht ein Computer. Vielleicht sollte ich einfach…?

Barfuß schleiche ich mich aus dem Bett, schalte den Com-puter ein und gehe ins Internet.

Ich gebe **Einstein** ein und dann kommt die Überraschung: Zehn Millionen Einträge! Ich glaube fast, Einstein ist der berühmteste Mann der Welt. Und er wohnte in Berlin wie ich. Später ging er allerdings nach Amerika. Ich erfahre, dass er sich nicht gerne die Haare kämmte und schwimmen konnte er auch nicht. Außerdem liebte er Erdbeeren und verschlang sie manchmal kiloweise. Seine Frau Elsa musste immer darauf achten, dass er ordentlich gekleidet war, denn es war ihm völlig egal, ob das Hemd raushing oder nicht. Viel wichtiger war ihm der Frieden, für den er viele Jahre gekämpft hat. Dass Einstein den Leuten die Zunge rausstreckte, habe ich ja bereits auf dem Foto gesehen. Trotzdem haben ihn die Menschen auf der ganzen Welt geliebt. Ein seltsames Genie. Ich gehe schlafen und habe einen wirren Traum…

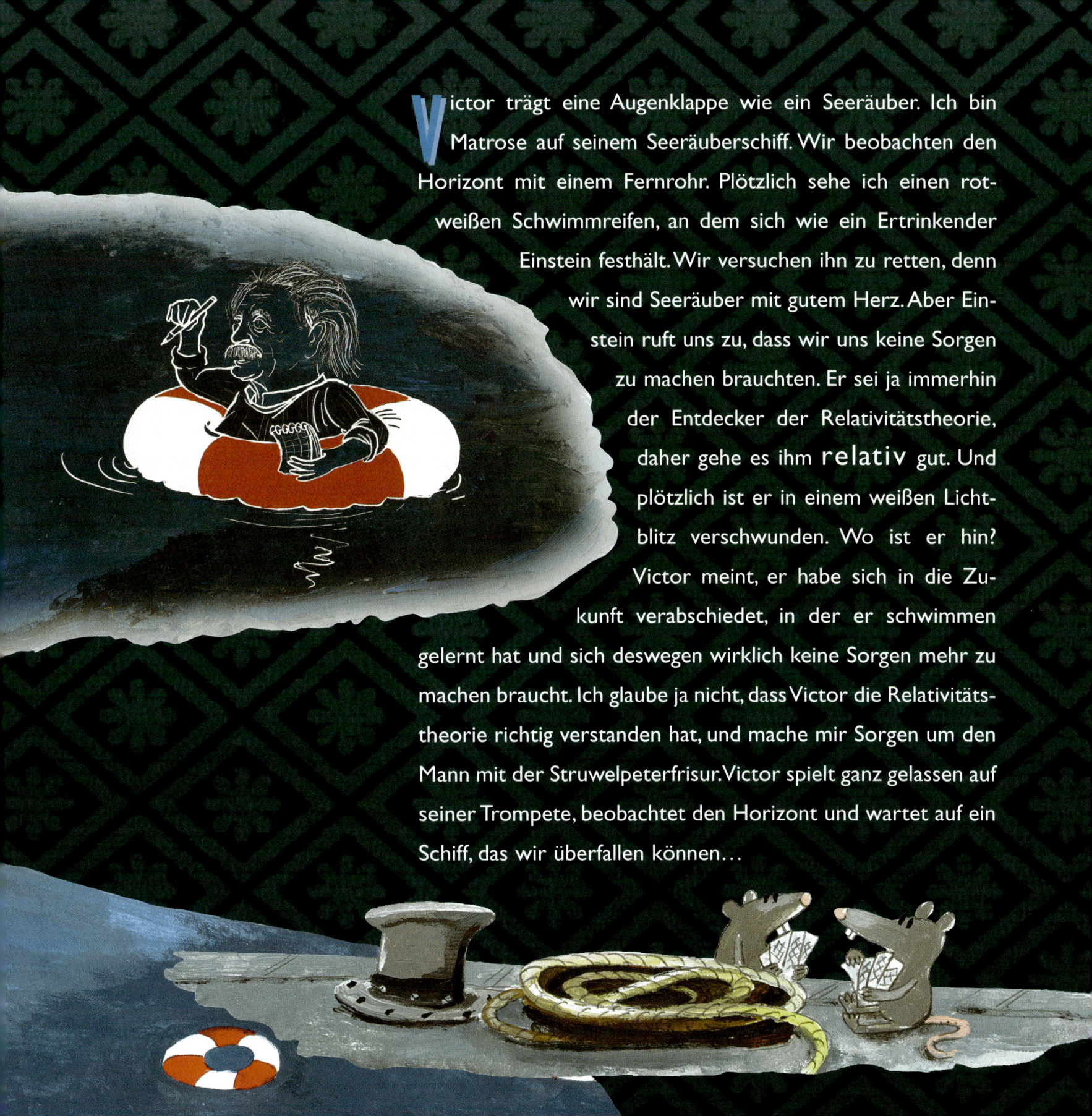

Victor trägt eine Augenklappe wie ein Seeräuber. Ich bin Matrose auf seinem Seeräuberschiff. Wir beobachten den Horizont mit einem Fernrohr. Plötzlich sehe ich einen rot-weißen Schwimmreifen, an dem sich wie ein Ertrinkender Einstein festhält. Wir versuchen ihn zu retten, denn wir sind Seeräuber mit gutem Herz. Aber Einstein ruft uns zu, dass wir uns keine Sorgen zu machen brauchten. Er sei ja immerhin der Entdecker der Relativitätstheorie, daher gehe es ihm relativ gut. Und plötzlich ist er in einem weißen Lichtblitz verschwunden. Wo ist er hin? Victor meint, er habe sich in die Zukunft verabschiedet, in der er schwimmen gelernt hat und sich deswegen wirklich keine Sorgen mehr zu machen braucht. Ich glaube ja nicht, dass Victor die Relativitätstheorie richtig verstanden hat, und mache mir Sorgen um den Mann mit der Struwelpeterfrisur. Victor spielt ganz gelassen auf seiner Trompete, beobachtet den Horizont und wartet auf ein Schiff, das wir überfallen können…

Victors Trompete! Ich öffne die Augen und höre sie ganz deutlich. Die Sonne scheint in mein Zimmer, es ist sechs Uhr morgens. Ich gehe ans Fenster und sehe Victor am Bootssteg. Ich gebe ihm ein Zeichen, dass er aufhören soll mit dem Krach, sonst wachen die anderen auf. Dann ziehe ich mich schnell an und stürme runter zum Wasser. Tante Amelie ist noch viel früher aufgestanden als ich. Sie meditiert im Garten, hat Raum und Zeit vergessen und merkt nicht, wie ich an ihr vorbeischleiche. Wir fahren auf den See hinaus. Victor hat belegte Brote mitgebracht, aber die Sache mit Einsteins Trompete glaube ich ihm trotzdem nicht. »Victor, du bist ein Spinner. Einstein war das coolste Genie aller Zeiten, er hat zehn Millionen Einträge im Internet und du behauptest, dass er dir eine Trompete geschenkt hat?« Victor sieht mich beleidigt an, dann sagt er mit wichtiger Miene:

»Ich werde dich in ein Geheimnis ein-
weihen, aber du musst schwören,
dass du niemandem etwas verrätst.« Ich schwöre
einen echten Seeräuberschwur.

Victor versucht das Boot an Land zu fahren. Er kann froh sein, dass ich dabei bin, sonst hätte er wohl auch diesen Steg gerammt. Wir gehen durch einen großen Garten zu Victors Haus. Seine Eltern schlafen noch. Leise schleichen wir uns durch die Werkstatt von Victors Vater. Hinter der Küche öffnet Victor eine winzige Tür, die in einen dunklen staubigen Flur führt. Überall stehen Zementsäcke herum. Ganz schön schmutzig hier!

»Pssst«, flüstert Victor, »hier hat mein Opa früher gewohnt. Eigentlich darf ich hier gar nicht rein.« Wir stehen vor einer alten Holztreppe und mir wird sofort klar, warum seine Eltern ihm diesen Teil des Hauses verboten haben. Die Treppe wackelt gefährlich. Victor geht voraus und macht seine Taschenlampe an. »Was willst du mir eigentlich zeigen, Victor?« »Pssst! Du wolltest doch wissen, wo ich die Trompete her habe.« Er öffnet eine Luke in der Decke. Wir schlüpfen durch und stehen auf einem Dachboden, der nur durch ein kleines Fenster erleuchtet wird. Überall hängen Spinnweben. In einer Ecke sehe ich zwei Liegestühle und einen alten Holzschlitten.

Zwischen zusammengerollten Segeln stehen viele Kisten und Koffer herum. Ich wusste doch, dass ich mit Victor was erleben würde! Vor einem verstaubten Koffer mit bunten Aufklebern aus aller Welt bleibt Victor stehen. »Schwöre, dass Du niemandem etwas erzählst, Maria!« »Hältst du mich für eine Plaudertasche wie meine Cousinen?« Victor öffnet den Koffer. In diesem Moment hören wir ein lautes Geräusch. Vor Schreck lässt er den Deckel fallen und ich bekomme Gänsehaut. Aber… es war nur eine Taube, die zur Dachluke hereingeflattert ist. Wir sehen uns an und müssen lachen.

Als Victor den Kofferdeckel erneut hochhebt, bin ich wirklich platt. Ganz oben liegen ein paar ausgebeulte Filzpantoffeln und ein Bademantel, darunter Postkarten aus aller Welt, Zeitungsausschnitte und Fotos. Sofort erkenne ich den Mann mit der Struwelpeterfrisur: Einstein beim Segeln, Einstein mit Geige, Einstein mit seiner Frau Elsa. Er war sogar in Hollywood, bei einer Filmpremiere mit dem berühmten Schauspieler Charlie Chaplin. Da ist er ausnahmsweise mal richtig gut gekleidet. Einstein als Indianer. Moment mal! Ich drehe das Foto um. »Victor, da hat Einstein was draufgeschrieben, vielleicht für deinen Opa? Hör mal: »Lieber Freund, der Stamm der Hopi-Indianer hat Elsa und mich herzlich aufgenommen. Sie nennen mich den **großen Relativen**. Grüße aus Amerika nach Caputh.« Victor hält einen Stapel Kinderzeichnungen in der Hand. »Schau mal Maria, da gratuliert eine ganze Schulklasse dem Professor Einstein zum Geburtstag. Und hier sind sogar Gedichte. Meinst du, dass Einstein die geschrieben hat?«

EINSTEIN

HERZLICHEN GLÜCKWUNSCH ZUM GEBURTSTAG

Lieber Professor Einstein,
Alles Gute zum Geburtstag und
daß sie immer relativ gesund
und munter bleiben!

Deine Nele

Lieber Professor Einstein!

Ich wünsche Ihnen
noch viele Erleuchtungen
für ihr bevorstehendes
Leben.

Ihre faszinierte
Nina

Konrad Wachsmann (1901-1980) war ein junger, sehr verwegener Architekt. Als er in der Zeitung
haus, am Besten aus Holz, wünschte, besuchte er den Physiker und schlug ihm vor, dass er ihm
würde. Einstein war von dem Mut und den Plänen des jungen Mannes offensichtlich beeindruckt.
Mit seinem Einstein-Haus wurde Wachsmann schnell berühmt und entwarf später Fertighäuser

Hmmmh, ich denke schon. Aber weißt du was? Ich glaube, manchmal hat er sich vielleicht ein bisschen unwohl gefühlt als größtes Genie des Jahrtausends. Ist doch auch eine dumme Situation, wenn alle dauernd ein Autogramm von dir haben wollen und erwarten, dass du immer was ganz Kluges sagst.« »Meinst du, er hat unter seiner Berühmtheit gelitten?«, fragt Victor. »Sieht so aus.« Auf einem der Fotos liegt Einstein im Bademantel auf einem Liegestuhl. Er sieht wirklich nicht aus wie einer, der gerne Autogramme gibt. »Victor, wissen deine Eltern von diesen Kisten?« »Sie haben keine Ahnung davon. Mein Opa hat mich, kurz bevor er gestorben ist, mal mit hier raufgenommen und hat mir alles erzählt.« »Was erzählt?« »Na, dass Einstein mit seiner Familie jeden Sommer hierher kam, weil er sein Haus und Caputh so liebte.« »Aber warum liegen Einsteins Sachen hier auf eurem Dachboden herum?« Victor zuckt mit den Schultern. »So genau weiß ich das nicht, aber ich glaube, er musste nach Amerika und kam dann nicht mehr zurück…« In diesem Moment raschelt es zwischen den Kisten. Eine dicke Ratte huscht vorbei. »Iiih! Victor, mir reicht es. Ich will raus hier. Lass uns zu Einsteins Haus gehen, das soll doch ganz in der Nähe sein.«

Schnell stecken wir noch ein paar Briefe und Fotos in Victors Rucksack. Es ist doch viel schöner, das alles draußen anzusehen, in der Sonne, in Einsteins Garten vielleicht. Victor hat erzählt, dass man Haus und Garten besichtigen kann. Als wir ankommen, ist das Tor geschlossen. Natürlich, es ist ja erst sieben Uhr morgens. »Dann muss ich den Herrn Einstein wohl mit meiner Trompete rufen.«, sagt Victor. Er beginnt, eine kleine Melodie zu spielen. Was soll das nun wieder bedeuten? Plötzlich passiert etwas, womit Victor bestimmt nicht gerechnet hat: Das Gartentor geht auf und vor uns steht ein Mann mit wirrem Haar, im Bademantel und mit Filzpantoffeln an den Füßen. »Wer will mich sprechen?«

Victor lässt erschrocken die Trompete sinken und beginnt zu stammeln. »Entschuldigung Herr Professor, wir wollten Sie nicht stören.«

»Papperlapapp«, meint Einstein. »Also, hat mich jemand angerufen oder nicht?«

»O Entschuldigung, Herr Professor…« »Lass doch den Professor!« »Herr Professor, ich glaube, Sie verwechseln mich mit meinem Großvater. Der hat sie immer mit der Trompete gerufen, wenn ein Anruf für Sie ankam, denn Sie selbst wollten ja kein Telefon im Haus haben.«

Einstein sieht von Victor zu mir, dann wieder zu Victor. »Sagt mal, Kinder, welches Datum haben wir heute?« »Den 2. Juli 2005«, antworten wir schnell.

»Hmmmh, dann habe ich jetzt wohl ein relativ großes Problem«, murmelt Einstein und streicht sich durch die wirren Haare. Er holt einen kleinen Block aus seiner Bademanteltasche und beginnt zu rechnen.

Albert!«, ruft eine energische Frauenstimme. Einstein lässt sich nicht stören und kritzelt weiter auf seinem Block herum. »Herr Professor,« sage ich, und tippe ihm auf den Arm, »da ruft Sie jemand.« Einstein schaut verwirrt auf.

»Albert! Wir haben Gäste!«, ruft die Stimme noch eine Spur lauter. »Kinder, lasst uns verschwinden! Dauernd kommen Leute, die mich wie das achte Weltwunder bestaunen oder ein Autogramm haben wollen. Manchmal lassen sie sich noch nicht einmal von meiner Frau Elsa abwimmeln. Da hilft nur eins: Segeln gehen!« Einstein rennt den Hang hinunter, wir hinterher. Sein Bademanel fliegt wie der Umhang von Superman.

Atemlos erreichen wir einen Bootssteg.
»Herr Professor, haben Sie denn immer noch ihr Segelboot?«, fragt Victor. »Mein Opa hat mir davon erzählt….« »Kannst du jetzt endlich mal aufhören, mich **Herr Professor** zu nennen. Einstein ist doch auch ein schöner Name.« Stolz zeigt er auf sein Boot. »Seht her, Kinder, das ist der **Tümmler**, mein dickes Segelschiff.«

Wir stechen in See. Einstein steuert, wir kümmern uns um die Segel und kommen gut voran. Ab und zu begegnen wir einem anderen Segelboot. Die Leute winken uns zu und rufen: »Ahoi Einstein.« Einstein schaut etwas gequält: »So geht das den ganzen Tag, nicht mal beim Segeln hat man seine Ruhe.« »Ist ja auch kein Wunder«, platze ich heraus, »im Internet habe ich zehn Millionen Seiten über Sie gefunden.« Einstein sieht mich erstaunt an. »Was bitte ist das Internet?« Victor und ich müssen grinsen. Es gibt also doch Dinge, die Einstein nicht weiß.

Ahoi, Herr Professor!

Ahoi!

Relativ viel Wind heute!

Wie sollte er auch. Zu seiner Zeit war das Internet wohl noch gar nicht erfunden und ich habe keine Ahnung, ob es damals schon Computer gab. Aber wie soll man jemandem, der eigentlich schon vor 50 Jahren gestorben ist, erklären, was das Internet ist. Einstein sieht uns immer noch fragend an. »Wenn ihr mich für **von gestern** haltet, dann habt ihr wohl recht, Kinder, ich komme direkt aus der Vergangenheit. Also, könnt ihr mir erklären, was dieses Internet sein soll? Ein englisches Wort, nehme ich an.«

Ahoi, Einstein! Ich will ein Autogramm!

Nobelpreisträger in Sicht!

ch weiß wirklich nicht, wie ich es erklären soll, aber versuche es trotzdem. »Also, Einstein, stell dir einfach vor, du möchtest etwas über die Relativitätstheorie erfahren, dann tippst du das Wort Relativitätstheorie einfach in den Computer…« Einstein unterbricht mich lachend. »Maria, langsam, langsam… du willst mir sagen, dass du einen Computer besitzt? Passt der überhaupt in dein Zimmer?« Zuerst verstehe ich gar nicht, worauf Einstein hinaus will. »Meine Eltern haben mir zum Geburtstag ein Notebook geschenkt. Das passt sogar in meine Schultasche.« »Das ist ja wirklich bemerkenswert«, meint Einstein ungläubig. »Die Computer, die ich kenne, füllen ein ganzes Zimmer aus und man kann eigentlich nichts weiter mit ihnen machen, als ein paar Zahlen zusammenzurechnen.« »Für so was haben wir heute Taschenrechner«, meint Victor stolz, »und die sind so klein wie dein Notizblock.«

Noch mehr staunt Einstein aber, als ihm Victor aus dem Rucksack eine Kiwi reicht. »Und was ist das, ein Mini-Raumschiff?« Wir müssen lachen. Victor schneidet die Kiwi auf und zeigt Einstein, wie er sie auslöffeln kann. Aber Einstein lehnt dankend ab. »Ich weiß doch gar nicht, ob mein alter Magen so was grünes Neumodisches überhaupt vertragen kann. Woher kommt denn dieses Ding?« »Aus Neuseeland«, antworten Victor und ich im Chor. Einstein wirkt nachdenklich, dann stellt er eine seltsame Frage: »Sagt mal Kinder, seid ihr denn schon mal auf dem Mond gewesen?« Victor und ich sehen uns erstaunt an. »Nein, natürlich nicht, das haben bisher nur ein paar Astronauten geschafft.« »Hmmmh«, meint Einstein, »dann ist eure Welt vielleicht doch nicht so weit weg, wie ich dachte…«

$E = mc^2$
Marmelade i
Energie umwa
oder Energie
Marmelade

Auf ei
Lichts
reiten ... od
hinte
lauf

E = m

Ist das Universum gerade...? Dann schon lieber krumm!

Warum ist der Himmel blau?

Wieder kommt ein Segelboot dicht an uns vorbei. Erst jetzt merke ich, wie schnell wir fahren. Die Leute winken und rufen: »Ahoi, Einstein!« Einstein versucht zu lächeln und grüßt zurück. »Komisch, habt ihr das eben gesehen?«, fragt Victor. »Als das andere Boot an uns vorbeifuhr, dachte ich, wir hätten eine Wahnsinns Fahrt drauf, und jetzt kommt es mir wieder sehr langsam vor. Dabei hat sich der Wind die ganze Zeit nicht verändert.« »Ich hatte genau dasselbe Gefühl«, antworte ich. »Seht ihr«, meint Einstein, »so ähnlich ging es mir auch, als ich die Relativitätstheorie entdeckte. Ich habe mich über etwas gewundert und dann darüber nachgedacht... Als das andere Boot an uns vorbeikam, hatten wir auf einmal das Gefühl schneller zu fahren. Was glaubt ihr, woran das liegt?« Ich denke kurz nach, dann habe ich eine Idee: »Wahrscheinlich ist es so ähnlich, wie wenn man auf dem Bahnhof in einem stehenden Zug sitzt. Wenn dann nebenan ein Zug losfährt, denkt man ja auch, dass man fährt.« Einstein sieht mich mit blitzenden Augen an. »Das Beispiel mit dem Zug ist richtig gut Maria, denn daran kann man erkennen, dass es bei Bewegung nicht nur darauf ankommt, wie schnell man sich selbst bewegt, sondern auch darauf, ob sich etwas anderes relativ, das heißt im Verhältnis zu uns bewegt.« »Das ist alles, das ist die Relativitätstheorie?«, frage ich und bin ein bisschen enttäuscht. »Natürlich nicht, das war nur ein kleines alltägliches Problem, über das es sich lohnt nachzudenken. Die Relativitätstheorie ist dann doch ein bisschen komplizierter. Der springende Punkt an der Sache ist die Lichtgeschwindigkeit. Licht ist das Schnellste, was es überhaupt gibt.«

Was ist Zeit... und warum ist Freizeit am Schönsten?

Energie = Masse x Lichtgeschwindigkeit x Lichtgeschwindigkeit

S timmt«, meint Victor, »wenn ich den Lichtschalter drücke, ist es sofort im ganzen Raum hell.« »Das ist eine gute Beobachtung, Victor. Aber sie stimmt nicht ganz. In Wahrheit ist es zuerst rund um die Glühbirne hell. Aber das Licht ist so schnell, dass wir gar nicht bemerken, dass es an der Wand erst später ankommt. Dass das Licht auch seine Zeit braucht, merkt man eigentlich erst im Universum, weil das Universum riesig groß ist. Habt ihr eine Idee wie lange das Sonnenlicht braucht, bis es auf der Erde ankommt?« Wir haben keine Ahnung!

»Ungefähr 8 Minuten und 20 Sekunden! Und dabei liegt die Sonne im Vergleich zu anderen Sternen gleich um die Ecke.« Wir sehen Einstein staunend an. »Bedeutet das«, frage ich, »dass, wenn die Sonne aufhören würde zu scheinen, wir es erst acht Minuten später bemerken würden?« »Genau so ist es.«

Lichtgeschwindigkeit 300.000 Kilometer pro Sekunde

Die Sonne ist ungefähr 150 Millionen Kilometer von der Erde entfernt, das Licht hat eine Geschwindigkeit von 300.000 Kilometer pro Sekunde. Das bedeutet, dass das Licht 500 Sekunden von der Sonne zur Erde benötigt, also 8 Minuten und 20 Sekunden.

In diesem Moment klingelt das Telefon, wie immer, wenn es gerade spannend wird. Einstein erschrickt. »O Gott, jetzt träume ich schon, dass die Leute mich hier auf dem Tümmler anrufen!« »Tun sie ja auch«, sage ich und kann mir ein Lachen nicht verkneifen. Kann es sein, dass Einstein keine Handys kennt? Ich durchwühle meine Tasche und finde endlich das Telefon. Einstein kommt aus dem Staunen nicht mehr raus. Kein Zweifel, so etwas hat er noch nie gesehen. Ich reiche ihm das Handy. »Geh du ran, Einstein.« Er nimmt das kleine Ding etwas hilflos entgegen und hält es… falsch rum.. »Hallo? Hallo? Wer spricht da?« Victor und ich versuchen, ihm klar zu machen, dass er das Handy drehen soll – na endlich, er hat es kapiert. Irgendjemand am anderen Ende scheint auf Einstein einzureden. Ich hoffe, es ist nicht meine Tante. Einstein murmelt ein paar mmmhs, beginnt mit den Fingern zu schnippen, wippt mit dem Knie und ich ahne schon, wer dran ist. »Maria, da ist eine Millie für dich… Sie scheint sehr musikalisch zu sein, das gefällt mir, ich spiele ja auch Geige.« Einstein reicht mir das Telefon rüber. »Bloß das nicht!« Ich klappe das Handy zu und werfe es zurück in die Tasche. »Die Zwillinge!«, stöhne ich.

Hallo, Hallo?

Einstein kritzelt etwas auf
seinen Notizblock und sieht mich
prüfend an. »Zwillinge, sagst du? Du
scheinst sie ja nicht besonders zu mögen.«
Victor antwortet für mich. »Sie gehen uns beiden ziemlich auf die Nerven und das Schlimmste
ist, dass man sie manchmal überhaupt nicht
auseinander halten kann.« »Für dieses Problem
wüsste ich eine Lösung«, sagt Einstein augenzwinkernd,
»die gute alte Relativitätstheorie!« »Die Theorie, die kei-
ner versteht!«, rufen Victor und ich im Chor. Einstein lacht.
»Wahrscheinlich haben sie wirklich nur ein paar Leute
richtig verstanden. Dabei fand ich immer, dass es
eigentlich ganz einfach ist, na ja,
relativ einfach.«

ber was hat die Relativitätstheorie mit den Zwillingen zu tun? Einstein sieht uns geheimnisvoll an. »Ihr müsst eine von beiden auf einen Lichtstrahl setzen oder in ein Raumschiff, das sich fast mit Lichtgeschwindigkeit bewegt. Auf ihrer Reise wird sie viel langsamer alt werden, als ihre Schwester zu Hause. Ihr wisst ja, Reisen hält jung, und je schneller man reist, desto jünger bleibt man. Wenn die Weltraumreisende dann nach Jahren zurückkommt, ist sie jung geblieben und die andere ist alt und grau geworden. Allerdings weiß ich nicht genau, ob das euer Problem lösen würde. Nicht einmal ich weiß, wie man auf einem Lichtstrahl reiten kann und wahrscheinlich stört euch sowieso am meisten, dass die beiden solche Quasselstrippen sind. Was glaubt ihr, wie viel die sich zu erzählen haben, wenn sie erst wieder zusammen sind.«

Ich sehe Einstein bewundernd an. Er hat
unser Problem genau verstanden. Mittlerweile
ist es fast zehn Uhr und dabei habe ich das Gefühl,
als seien wir gerade erst losgefahren. »Siehst du, Maria, die
Zeit läuft nicht immer gleich«, meint Einstein, »aber manchmal
hat das gar nichts mit Physik zu tun, sondern damit, dass man sich
ganz einfach gut amüsiert.«

Victor holt einen Apfel aus seinem Rucksack und schneidet ihn in drei Teile. Einstein wirkt auf einmal nachdenklich. Was ist los? »Weißt du, Victor, du schälst mit deinem Messer ganz friedlich Obst, aber mit dem gleichen Messer könntest du auch jemanden verletzen. Mit der Wissenschaft ist es eben so. Gerade die interessantesten Entdeckungen haben oft auch viel Leid über die Menschheit gebracht. Die Atombombe zum Beispiel. Mit meiner Formel $e = mc^2$ wollte ich nur zeigen, dass sich Masse in Energie umwandeln lässt.

Frieden

paix

PAZ   Shalom

Damals habe ich überhaupt nicht daran gedacht, dass man mit diesem Wissen einmal Atombomben entwickeln könnte. Aber genau das ist passiert. Am Ende des Zweiten Weltkrieges wurden Hunderttausende von Menschen in Japan durch Atombomben getötet. Aber… wisst ihr überhaupt, was Krieg ist?« »Krieg kennen wir eigentlich nur aus dem Fernsehen und aus den Erzählungen unserer Großeltern,« sage ich. »Da habt ihr Glück gehabt, ich habe zwei Weltkriege erlebt.«, meint Einstein und schaut in die Ferne. Er versinkt in ein langes Schweigen und wir wissen nicht so recht, was wir sagen sollen.

PACE

Peace

MIR   EIPHNH

+++ Am 6. August 1945 warf die amerikanische Armee die erste Atombombe auf die japanische Stadt Hiroshima ab +++ Drei Tage später folgte eine weitere Bombe auf die Stadt Nagasaki +++ Insgesamt kamen dabei ungefähr 250.000 Menschen ums Leben +++ Noch heute leiden die Menschen dort unter den Spätfolgen der radioaktiven Verstrahlung +++ Auch für Einstein war der Abwurf der Atombomben ein Schock +++ Schon vor dem Krieg hatte er sich als prominentes Mitglied der 'Deutschen Friedensgesellschaft' und der 'Liga für Menschenrechte' für den Frieden eingesetzt +++ Nun, nach dem Erlebnis der atomaren Verwüstung engagierte er sich für die friedliche Nutzung der Kernenergie und für die Abrüstung +++

aaalbert!!!

Von weitem hören wir den Klang einer Trompete, dann eine Stimme: »Albert! Telefon!« »Ist das nicht deine Frau?«, frage ich in die Stille hinein. »Ja«, knurrt Einstein, »wahrscheinlich muss ich jetzt ganz schnell zu meinen Nachbarn, die haben ein Telefon, und immer wenn ich einen Anruf erhalte… Ach was erzähle ich euch da, Kinder, ihr wisst ja Bescheid… Wie geht es eigentlich deinem Großvater, Victor?« Victors Augen füllen sich mit Tränen. »Mein Opa ist vor einem Jahr gestorben.« »Das tut mir leid, Victor. Aber sei nicht traurig, er ist ja relativ alt geworden, viel älter als ich jedenfalls.« Einstein kramt in seiner Bademanteltasche und zieht noch einmal den kleinen Notizblock hervor. »Willst du ausrechnen, wie alt mein Opa geworden ist?«, wundert sich Victor, während er das Boot am Steg festmacht. Aber Einstein ist mit seinen Gedanken schon ganz woanders. »2. Juli 2005? Interessant, aber relativ seltsam.« Plötzlich rennt er den Hang zu seinem Haus hoch und verschwindet zwischen ein paar Besuchern, die sich im Garten des Einsteinhauses umsehen. Victor hält etwas verdattert die Trompete in der Hand. Ich betrachte die Fotos, die wir auf dem Dachboden gefunden haben. Warum der Himmel blau ist, hat mir Einstein leider nicht mehr erklären können.

In diesem Moment kommt eine Gruppe von Leuten an uns vorbei. Ein Mann geht voraus und erzählt, dass Einstein 1932 nach Amerika reiste und danach nie wieder zurückkehrte. In Deutschland waren inzwischen die Nationalsozialisten an die Macht gekommen. Die hätten Einstein wohl sofort verhaftet, weil er Jude war und für den Frieden kämpfte. In Amerika aber wurde er begeistert aufgenommen.

Trotzdem hat er sich dort noch lange nach seinem dicken Segelschiff und seinem schönen Sommerhaus in Caputh gesehnt.

Warum ist der Himmel blau?

Das Sonnenlicht ist weiß, denn es ist eine Mischung aus Licht der verschiedenen Spektralfarben, wie man z.B. an einem Regenbogen sehen kann. Auf seinem Weg zur Erde muss das Licht durch die Luftschichten der Atmosphäre hindurch. Diese streuen die kurzwelligen blauen Lichtanteile viel stärker als die roten. Daher erscheint uns der Himmel blau. Abends, wenn die Sonne tiefer steht, kommen die roten Lichtanteile besser durch. Der Himmel färbt sich rot. Man sieht daran: Physik ist nicht ganz einfach, aber sehr spannend.

Weißt du, was gut wäre, Victor?« »Nein, Maria, was denn?«
»Wenn wir die letzten Stunden auf einem Lichtstrahl gereist
wären, dann hätten wir nämlich nicht so viel Zeit verloren und würden nach Hause kommen, bevor
Tante Amelie und Onkel Oscar merken, dass ich einfach abgehauen bin.« »Stimmt, meint Victor,
aber die Relativitätstheorie wird dir bei diesem Problem wohl doch nicht helfen.«

* Maria, Maria,
jetzt oder nie,
erklär uns endlich
die Relativitätstheorie!

Ich habe keine Ahnung, ob Victors Eltern sauer waren, als er
nach Hause kam. Ich jedenfalls hatte Glück. Meine Tante saß
immer noch meditierend im Garten und mein Onkel war so
versunken in seine Frühstücksvorbereitungen, dass er gar
nicht bemerkte, als ich an ihm vorbeischlich.
Nur die Zwillinge, die sahen mich so komisch an. *

Können sie haben! Aber danach werde ich beide auf einen Lichtstrahl setzen und zum nächsten Stern schießen. Und dann werden Victor und ich einen herrlichen Sommer verbringen.

Da bin ich mir ~~relativ~~ *absolut* sicher.

Albert Einstein wurde am 14. März 1879 als erstes Kind von Hermann und Pauline Einstein in Ulm geboren. Die Familie betrieb die Electrotechnische Fabrik J. Einstein & Co. Er lernte erst nach seinem dritten Geburtstag sprechen. Das bayrische Hausmädchen nannte ihn daher 'Depperter'. Im November 1881 wurde Alberts Schwester Maria, genannt Maja, geboren. Seit 1889 besuchte Einstein das Luitpold-Gymnasium in München. Wegen seiner Zornesausbrüche wurde er in eine andere Klasse

Der kleine Albert

Albert Einstein
als Schüler

versetzt. Schon sehr früh interessierte er sich für die Naturwissenschaften und für Mathematik. Der Unterricht im Gymnasium gefiel ihm nicht, weil er es hasste, zum Lernen gezwungen zu werden. Als 15-jähriger verließ er die Schule ohne Abschluss und zog mit seiner Familie nach Mailand. Das Abitur holte er später in der Schweiz nach. Seit 1896 studierte er Physik und Mathematik in Zürich. Hier freundete er sich mit seiner Mitstudentin Mileva Maric an, die er 1903 heiratete. Ein Jahr später wurde ihr erster Sohn Hans Albert geboren, 1910 der zweite Sohn Eduard. Weil Einstein keine Stelle an der Universität bekam, zog er nach Bern. Er wohnte in der Kramgasse 49, wo sich heute der Sitz der Albert-Einstein-Gesellschaft befindet und arbeitete im dortigen Patentamt als Beamter 3. Klasse. Auf diese Weise war er immer auf dem Laufenden über die neuesten technischen Entwicklungen und hatte viel Zeit zum Nachdenken. 1905 veröffentlichte der bis dahin völlig Unbekannte zum großen Erstaunen der Fachwelt mehrere bahnbrechende Arbeiten, die unser Weltbild entscheidend veränderten.

Albert Einstein und
Mileva Maric

1909 wurde er Professor für Theoretische Physik an der Universität Zürich. 1914 ging Einstein nach Berlin, wo er an die Preußische Akademie der Wissenschaften berufen wurde. Im gleichen Jahr brach der Erste Weltkrieg aus. Kurz nachdem sich Einstein von seiner Frau Mileva getrennt hatte, heiratete er 1919 seine Cousine Elsa Löwenthal. Die beiden lebten gemeinsam mit Elsas Töchtern Ilse und Margot in Berlin in der Haberlandstraße 5. Berlin war damals ein Zentrum des kulturellen und wissenschaftlichen Lebens und Einstein nahm rege daran teil. 1919 konn-

Albert Einstein und
Elsa Löwenthal

te seine Theorie, dass das Licht im Schwerefeld der Sonne abgelenkt wird, bei einer Sonnenfinsternis bestätigt werden. Einstein wurde über Nacht weltberühmt. 1921 wurde der 'Einsteinturm' des Architekten Erich Mendelsohn in Potsdam eingeweiht. Mit

Albert Einstein im
Patentamt Bern

Hilfe des Turmteleskops sollte die Relativitätstheorie überprüft werden. 1922 erhielt Einstein den Nobelpreis für Physik. Er wurde zum populärsten Wissenschaftler überhaupt. Zu seinem 50. Geburtstag erhielt er Glückwünsche aus aller Welt. Die Stadt Berlin wollte ihm ein Sommerhaus schenken, was aber an zahlreichen bürokratischen Hürden scheiterte. Einstein und Elsa nahmen die Sache selbst in die Hand, fanden ein Grundstück in Caputh und ließen sich von dem jungen Architekten Konrad Wachsmann ein modernes Holzhaus in der Waldstraße 7 bauen, wo sie mit den Töchtern seit 1929 die Sommer verbrachten. Hier empfingen sie viele internationale Gäste. Einstein ging oft wandern und segeln.

Albert Einstein
geht ein Licht auf

Albert Einstein in Caputh

Es gefiel ihm so gut in Caputh, dass er sogar Sitzungen an der Akademie in Berlin oder andere Termine einfach schwänzte. In Caputh störte es auch keinen, wenn er mitten in der Nacht noch Geige spielte. Er pflegte viele Kontakte zu den Caputher Bürgern und war vor allem bei den Kindern beliebt. Der Langhaardackel Purzel aus der Nachbarschaft begleitete ihn auf seinen Spaziergängen, der zugelaufene Kater Peter leistete ihm ebenfalls Gesellschaft. Eine besondere Beziehung pflegte Einstein zu seinem Nachbarn, dem Töpfermeister Wolf. Da Einstein kein Telefon in seinem Haus haben wollte, hatte Wolf die Aufgabe, wichtige Anrufe mit einer Trompete zu signalisieren.

Die Sommer in Caputh waren die letzte unbeschwerte Zeit, die Einstein in Deutschland verbrachte. Als Jude und politisch aufmerksamer Mensch spürte er schon Ende der 20er Jahre die aufkommende Gefahr durch den Nationalsozialismus. Er beteiligte sich mit anderen Wissenschaftlern und Kriegsgegnern an vielfältigen politischen Aktionen und engagierte sich für den Frieden. Ende 1932 fuhr Einstein wie so oft mit Elsa zu einer Vortragsreise in die USA. Er konnte nie mehr nach Deutschland zurückkehren, denn am 30. Januar 1933 kamen die Nationalsozialisten an die Macht. Einstein protestierte gegen die Menschenrechtsverletzungen und Judenverfolgungen in Deutschland und legte sein Amt an der Preußischen Akademie der Wissenschaften nieder. Bei den Bücherverbrennungen im Mai 1933 wurden seine Schriften öffentlich verbrannt. Das Haus in Caputh wurde erst jüdisches Kinderheim, dann von der Hitlerjugend, dem Bund deutscher Mädchen, später von Offizieren der Luftwaffe bewohnt. 1935 wurde Einsteins Besitz in Deutschland enteignet.

Albert Einstein in Berlin

In den USA ließ sich Einstein in der Universitätsstadt Princeton nieder, wo er in der Mercer Street 112 wohnte und am 'Institute for Advanced Studies' arbeitete. Im Dezember 1936 starb seine Frau Elsa. 1939 brach der Zweite Weltkrieg aus. Nach dem Abwurf amerikanischer Atombomben über Hiroshima und Nagasaki am Ende des Zweiten Weltkrieges im August 1945 gründete Einstein das 'Emergency Committee of Atomic Scientists'. Als Präsident des Komitees engagierte er sich für die friedliche Nutzung der Atomenergie. Die letzten Jahre seines Lebens verbrachte er zurückgezogen in Princeton. Er starb am 18. April 1955 im Alter von 76 Jahren.

Einstein erfährt, dass er den Physik-Nobelpreis bekommt

Da sich Einstein entschlossen hatte, nie wieder nach Deutschland zurückzukehren, wurde sein Haus nach dem Krieg der Gemeinde Caputh überlassen. 1979, zu Einsteins 100. Geburtstag, wurde es mit Hilfe des Architekten Konrad Wachsmann rekonstruiert und unter Denkmalschutz gestellt. Heute gehört es der Hebräischen Universität Jerusalem, der Einstein sein Erbe vermachte.

Einstein emigriert nach Amerika

Bildnachweis

Wir danken folgenden Institutionen für die freundlicherweise zur Verfügung gestellten Bildvorlagen:

Titel, S. 26, S. 30 Lotte Jacobi Collection, University of New Hampshire

Rücktitel, S. 20, S. 21 Stiftung Archiv der Akademie der Künste Berlin

S. 19 (unten rechts) El Tovar Studios/Albert-Einstein-Archiv Jerusalem

S.9 S. 16, S. 18 (oben links), S. 18 (unten links, Mitte) S. 19 (oben rechts, Mitte rechts)

S. 23, S. 25, S. 34, S. 38 Ullstein Bilderdienst

S. 48 Dagmar Gebers

Die Autorinnen

Sabine Carbon, Journalistin und Filmemacherin

Barbara Lücker, Fotografin und Kulturmanagerin

Beide Autorinnen leben in Berlin und haben 2003

den Verlag [edition.SABA] gegründet, in dem auch ihr Buch

"Der Garten am Wannsee – Maria besucht Max Liebermann" erschienen ist.

Geprüft auf die Regeln der neuen deutschen Rechtschreibung durch die Sprachberatung
am Germanistischen Institut der Martin-Luther-Universität Halle/ Wittenberg